200300040S3

DANS LE MONDE - ASTERIX EN LANGUES ETRANGERES

AFRIQUE DU SUD
Hodder Dargaud, PO Box 32213, Braamfontein Centre, Braamfontein 2017, Johannesburg, Afrique du Sud

AMERIQUE HISPANOPHONE
Grijalbo-Dargaud S.A., Deu y Mata 98-102, Barcelone 29, Espagne

AUSTRALIE
Hodder Dargaud, 2 Apollo Place, Lane Cove, New South Wales 2066, Australie

AUTRICHE
Delta Verlag, Postfach 1215, 7 Stuttgart 1, R.F.A.

BELGIQUE
Dargaud Benelux, 3 rue Kindermans, 1050 Bruxelles, Belgique

BRESIL
Cedibra, Rua Filomena Nunes 162, Rio de Janeiro, Brésil

CANADA
Dargaud Canada Limitée, 307 Benjamin Hudon, St-Laurent, Montréal PQ H4 N1J1, Canada

DANEMARK
Gutenberghus Bladene, Vognmagergade 11, 1148 Copenhague K, Danemark

EMPIRE ROMAIN
Delta Verlag, Postfach 1215, 7 Stuttgart 1, R.F.A. (Latin)

ESPAGNE
Grijalbo-Dargaud S.A., Deu y Mata 98-102, Barcelone 29, Espagne

ESPERANTO
Delta Verlag, Postfach 1215, 7 Stuttgart 1, R.F.A.

ETATS-UNIS D'AMERIQUE
Dargaud International Publishing Inc., 535 Fifth Avenue, New York 10017, N.Y., U.S.A.

FINLANDE
Sanoma Osakeyhtio, Ludviginkatu 2-10, 00130 Helsinki 13, Finlande

HOLLANDE
Dargaud Benelux, 3 rue Kindermans, 1050 Bruxelles, Belgique
Distribution : Oberon, Ceylonpoort 5/25, Haarlem, Hollande

HONG KONG
Hodder Dargaud, c/o United Publishers Book Services, Stanhope House, 7th Floor, 734 King's Road, Hong Kong

HONGRIE
Nip Forum, Vojvode Misica 1-3, 2100 Novi Sad, Yougoslavie

INDE
Gowarsons Publishers Private Ltd., Gulas House, Mayapuri, New Delhi 1100 64, Inde

INDONESIE
Penerbit Sinar Harapan, J1, Dewi Sartika 136 D, PO Box 015 JNG, Jakarta, Indonésie

ISLANDE
Fjolvi HF, Njorvasund 15a, Reykjavik, Islande

ISRAEL
Dahlia Pelled Publishers, 5 Hamekoubalim St. Herzeliah 46447, Israel

ITALIE
Dargaud Italia, Piazza Velasca 5, 20122 Milan, Italie

NORVEGE
A/S Hjemmet (Groupement Guntenberghus), Kristian den 4des Gate 13, Oslo 1, Norvège

NOUVELLE-ZELANDE
Hodder Dargaud, PO Box 3858, Auckland 1, Nouvelle-Zélande

PAYS DE GALLES
Gwasg y Dref Wen, 28 Church Road, Whitchurch, Cardiff, Pays de Galles

PORTUGAL
Meriberica, Avenida Alvares Cabral 84-1º Dto, 1296 Lisbonne Codex, Portugal

REPUBLIQUE FEDERALE ALLEMANDE
Delta Verlag, Postfach 1215, 7 Stuttgart 1, R.F.A.

ROYAUME-UNI
Hodder Dargaud, Mill Road, Dunton Green, Sevenoaks, Kent TN13 2XX, Angleterre

SUEDE
Hemmets Journal Forlag (Groupement Gutenberghus), Fack 200 22 Malmo, Suède

SUISSE
Interpress Dargaud S.A., En Budron B, 1052 Le Mont/Lausanne, Suisse

TURQUIE
Kervan Kitabcilik, Basin Sanayii ve Ticaret AS, Tercuman Tesisleri, Topkapi-Istanbul, Turquie

YOUGOSLAVIE
Nip Forum, Vojvode Misica 1-3, 2100 Novi Sad, Yougoslavie

Dépôt légal Septembre 1982 - Nº 10741
I S B N 2-205-00600-2
Imprimé en France en juillet 1982 par Tardy Quercy S.A. - Bourges

VILLAGE GAVLOIS

PETIBONVM

AQVARIVM

LAVDANVM

BABAORVM

ARMORIQVE

BELGIQVE

LVTÈCE

SPQR

GAVLE
(CONQVÊTE ROMAINE)
50 avant J.C.

CELTIQVE

AQVITAINE

PROVINCE
ROMAINE

Nous sommes en 50 avant Jésus-Christ. Toute la Gaule est occupée par les Romains... Toute? Non! Un village peuplé d'irréductibles Gaulois résiste encore et toujours à l'envahisseur. Et la vie n'est pas facile pour les garnisons de légionnaires romains des camps retranchés de Babaorum, Aquarium, Laudanum et Petitbonum...

QUELQUES GAULOIS...

Astérix, le héros de ces aventures. Petit guerrier à l'esprit malin, à l'intelligence vive, toutes les missions périlleuses lui sont confiées sans hésitation. Astérix tire sa force surhumaine de la potion magique du druide Panoramix...

Obélix, est l'inséparable ami d'Astérix. Livreur de menhirs de son état, grand amateur de sangliers, Obélix est toujours prêt à tout abandonner pour suivre Astérix dans une nouvelle aventure. Pourvu qu'il y ait des sangliers et de belles bagarres.

Panoramix, le druide vénérable du village, cueille le gui et prépare des potions magiques. Sa plus grande réussite est la potion qui donne une force surhumaine au consommateur. Mais Panoramix a d'autres recettes en réserve...

Assurancetourix, c'est le barde. Les opinions sur son talent sont partagées : lui, il trouve qu'il est génial, tous les autres pensent qu'il est innommable. Mais quand il ne dit rien, c'est un gai compagnon, fort apprécié...

Abraracourcix, enfin, est le chef de la tribu. Majestueux, courageux, ombrageux, le vieux guerrier est respecté par ses hommes, craint par ses ennemis. Abraracourcix ne craint qu'une chose : c'est que le ciel lui tombe sur la tête, mais comme il le dit lui-même : « C'est pas demain la veille ! »

UNE NOUVELLE JOURNÉE ENSOLEILLÉE VIENT DE SE LEVER SUR LA PLUS PRODI--GIEUSE CITÉ DE L'UNIVERS: **ROME**.

BIEN QUE PAR DÉCISION DE CÉSAR, LES RUES SOIENT INTERDITES LE JOUR À LA CIRCULATION DES VÉHICULES, ELLES SONT INCROYABLEMENT BRUYANTES. C'EST TOUT UN MONDE DE BOUTIQUIERS ET DE VENDEURS AMBULANTS QUI VANTENT LEUR MARCHANDISE... FRUCTUARII, PEPONARII, OLITORES, PISCATORES, VINARII, SILIGINARII, PASTILLARII...

PATISSERIES!

QUI VEUT DES FRUITS?

LES BEAUX LÉGUMES! LES BEAUX LÉGUMES!

FRAIS, LES POISSONS! FRAIS!

ILS SONT BONS MES MELONS! ILS SONT BONS!

CONFISERIES!

MENDIANTS ET DÉMARCHEURS ASSAILLENT LES PASSANTS...

AYEZ PITIÉ D'UN PAUVRE GLADIATEUR TRÈS DIMINUÉ!

VOUS N'AVEZ RIEN CONTRE LA JEUNESSE?

DES VISITEURS VENUS DE TOUS LES PAYS, THRACES, GOTHS, BRETONS, ÉGYPTIENS, SICAMBRES, ÉTHIOPIENS, NUMIDES, AJOUTENT À LA COULEUR AMBIANTE...

ET VOICI LE CIRQUE MAXIME... ET VOICI LE MAXIME CIRQUE... et voici le Cirque Maxime...

TOUT NOUS PERMET DE SUPPOSER QUE DES ÊTRES ENCORE PLUS ÉTRANGES VONT APPARAÎTRE DERRIÈRE LE PROCHAIN COIN DE RUE...

ON N'AURAIT PEUT-ÊTRE PAS DÛ VENIR, HEIN, ASTÉRIX ?

FARPAITEMENT ! TU AS FARPAITEMENT RAISON ! MAIS TU SAIS COMMENT NOUS SOMMES ARRIVÉS ICI, HEIN, OBÉLIX ?

TU LE SAIS FARPAITEMENT.

ROC.!

EUX, ILS LE SAVENT, MAIS NOUS, NOUS IGNORONS POURQUOI ET COMMENT ILS SE TROUVENT À ROME. ALORS, ARRÊTONS LE MOUVEMENT...

...ET FAISONS UN RETOUR EN ARRIÈRE...

...UN RETOUR QUI NOUS CONDUIRA AU DÉBUT DE CETTE HISTOIRE, C'EST À DIRE À **LUTÈCE**, LA PLUS PRODIGIEUSE CITÉ DE L'UNIVERS...

LES RUES DE LUTÈCE SONT BRUYANTES, MALGRÉ L'INTERDICTION FAITE AUX VÉHICULES DE CIRCULER. BRUYANTES MAIS GAIES, GRÂCE AUX RÉPARTIES INSPIRÉES PAR LE CÉLÈBRE ESPRIT LUTÉCIEN...

MOI, J'TRAVAILLE!

ABRUTI!

IDIOT!

CRÉTIN!

VOYOU!

IMBÉCILE!

VAS-Y, ÇA PASSE!

NON, ÇA PASSE PAS!

PUISQUE J'TE DIS QU'ÇA PASSE!

TU CROIS QU'ÇA PASSE?

ÇA PASSE!

INTÉRESSONS-NOUS À CE PETIT GROUPE VENU DE LA PROVINCE...

ÉCOUTE, BONEMINE, QUE TU VEUILLES VENIR À LUTÈCE FAIRE DES ACHATS, SOIT; MAIS EST-CE BIEN NÉCESSAIRE D'ALLER CHEZ HOMÉOPATIX?

JE NE PEUX TOUT DE MÊME PAS VENIR À LUTÈCE SANS RENDRE VISITE À MON FRÈRE... ET PUIS, IL NOUS A INVITÉS À DÎNER.

MAIS TU SAIS BIEN QU'IL M'ÉNERVE, HOMÉOPATIX!

OH, BIEN SÛR, QUAND IL S'AGIT DE MA FAMILLE...

3M

MAIS IL A RÉUSSI, LUI! IL N'OBLIGE PAS SA FEMME À VIVRE DANS UN VILLAGE DE FOUS, SURVEILLÉ PAR DES ROMAINS IMBÉCILES!

ET PUIS, AVAIS-TU BESOIN DE DEMANDER À CES DEUX LÀ DE NOUS SUIVRE?

?

JE N'AI PEUT-ÊTRE PAS RÉUSSI, MAIS JE SUIS UN CHEF! ET UN CHEF A BESOIN D'UNE ESCORTE... ASTÉRIX ET OBÉLIX SONT MES MEILLEURS HOMMES, MA GARDE D'HONNEUR!

EH BIEN, J'ESPÈRE QUE TA GARDE D'HONNEUR SAURA SE TENIR. NOUS ARRIVONS.

GRMBLBL GARDE D'HONNEUR GRMBLBL GRMMBL VOILÀ CE QU'ELLE TE DIT MA GARDE D'HONNEUR...

POC! POC! POC!

3B

7

MA MIMINE !

MON HOMÉOPATOU !

GALANTINE ! GALANTINE ! BONEMINE ET MACHIN SONT ARRIVÉS !

MACHIN ? COMMENT, MACHIN ?!

JE VOUS AI APPORTÉ UN COQUILLAGE DE CHEZ NOUS... ABRARACOURCIX VOULAIT VOUS APPORTER UN MENHIR, COMME D'HABITUDE.

MON PAUVRE ABRARACOURCIX, QU'EST-CE QUE TU VEUX QUE J'EN FASSE DE TES MENHIRS ?

TU VEUX QUE JE TE DISE ?

ABRARA- COURCIX !

OH, COMME C'EST BEAU, CHEZ TOI !

OUI, J'AI CHANGÉ TOUT LE MOBILIER, J'EN AVAIS ASSEZ DU RUSTIQUE... GALANTINE, SERS NOUS À BOIRE !

J'ESPÈRE QUE VOUS AIMEREZ CE VIN, IL EST FAIT AVEC LE RAISIN DE NOTRE VIGNE, SUR LA BUTTE...

TES AFFAIRES MARCHENT TOUJOURS BIEN HOMÉOPATIX ?

TRÈS BIEN ! JE VAIS OUVRIR DES SUCCURSALES À LUGDUNUM ET À MASSILIA...

COMME C'EST INTÉRESSANT... TU VAS Y ALLER DANS CES VILLES ?

LE MOINS POSSIBLE. ON NE PEUT VIVRE QU'À LUTÈCE, TU SAIS. LE RESTE DE LA GAULE, C'EST BON POUR LES SANGLIERS

PASSE-MOI ENCORE UN PEU DE CE VIN, OBÉLIX !

?

LA MATRONE ELLE EST SERBIE.

OH, GALANTINE! C'EST MERVEILLEUX!

ÉVIDEMMENT, ÇA DOIT TE CHANGER DE LA NOURRITURE DU VILLAGE!

QU'EST-CE QU'ELLE A, LA NOURRITURE DU VILLAGE?

IL Y A QUE JE N'AI PAS SOUVENT MANGÉ DES QUEUES DE CASTOR AUX FRAMBOISES, DANS LE VILLAGE!

HEP! OBÉLIX, PASSE-MOI UN PEU DE CE VIN.

ALLONS, MACHIN, PRENDS UN PEU DE SABOT DE BOEUF À LA CRÈME, TU M'EN DIRAS DES...

J'EN VEUX PAS DE TON SABOT DE BOEUF. TU NE M'IMPRESSIONNES PAS AVEC TES COCHONNERIES.

ABRARA-COURCIX! NE TE CONDUIS PAS COMME UN SANGLIER!

LES COCHONNERIES FAUT ENCORE POUVOIR SE LES PAYER!

HOMÉOPATIX!

LA MATRONE ELLE A APPELÉ?

OUI. ENCORE UN PEU DE VIN.

EN TOUT CAS, JE N'AI PEUT-ÊTRE PAS TON OR, MAIS MOI, J'AI LA GLOIRE!

ET LA GLOIRE, MON CHER BEAU-FRÈRE, ÇA PAIE LES SABOTS DE BOEUF?

LA GLOIRE, ÇA PAIE PLUS QUE LES SABOEUFS DE BOT... QUE LES SOBAFS DE... QUE CETTE COCHONNERIE!

VENEZ DANS MON VILLAGE, TOI ET GÉLATINE... GALANTINE... ET JE VOUS FERAI MANGER QUELQUE CHOSE QUE TOUT TON OR NE POURRAIT PAS PAYER! HIPS!

ET QUEL EST DONC CE METS RAFFINÉ?

IL S'AGIT D'UN RAGOÛT... MAIS D'UN RAGOÛT PARFUMÉ AVEC DES LAURIERS...

...AVEC LA COURONNE DE LAURIERS DE CÉSAR! HIPS!

PRRFFFFF!

NE L'ÉCOUTE PAS... IL A TROP BU.

LAISSE, BONEMINE, LAISSE, IL EST AMUSANT.

61

AMUSANT, HEIN?... HIPS!... EH BIEN, TU VERRAS, J'ENVERRAI MES HOMMES À ROME CHERCHER LA COURONNE DE LAURIERS DE CÉSAR, ET ELLE PARFUMERA LE RAGOÛT QUE JE T'OFFRIRAI DANS MON VILLAGE!

FARPAITEMENT! MACHIN A RAISON HIPS!

?!?

LAISSE-MOI, ASTÉRIX! NOUS IRONS CHERCHER LA COURONNE DE LAURIERS DE CÉSAR À ROME! FARPAITEMENT!

DANS MES BRAS OBÉLIX!

HOMÉOPATOU!

NON! NON! PUISQUE TON MANIEUR DE GLAIVE EST SI MALIN, J'ACCEPTE SON INVITATION!

MAIS J'AI SA PAROLE QU'IL S'AGIRA VRAIMENT DE LA COURONNE DE LAURIERS DE JULES CÉSAR!

FARPAITEMENT!

ET...CHÈRE BONEMINE, VOUS AVEZ ACHETÉ DES CHOSES INTÉRESSANTES À LUTÈCE?

68

BOUHOUHOUHOU!... JE N'AI JAMAIS ÉTÉ AUSSI HUMILIÉE DE MA VIE!...ENTOURÉE D'IVROGNES QUI DISENT N'IMPORTE QUOI!...

COMMENT, N'IMPORTE QUOI? JE VAIS VRAIMENT LUI OFFRIR UN RAGOÛT AUX LAURIERS DE CÉSAR À CE...

BONEMINE A RAISON, C'EST ABSURDE CE...

AH! TU VOIS? MÊME TES MEILLEURS HOMMES TE CONSIDÈRENT COMME UN GROS SANGLIER ABRUTI!...

JE N'AI PAS DIT ÇA...

ALORS, PUISQUE TU N'AS PAS DIT ÇA, PARS SUR L'HEURE À ROME ET RAPPORTE-MOI LA COURONNE DE LAU-RIERS DE CÉSAR!

FARPAITEMENT!

DANS MES BRAS!

VOUS SAVEZ L'HEURE QU'IL EST? ALLEZ VOUS AMU-SER AILLEURS AVEC VOTRE BONNE FEMME, BANDE DE DÉBAUCHÉS!

MAINTENANT QUE NOUS SA-VONS POURQUOI ET COMMENT ASTÉRIX ET OBÉLIX SE TROU-VENT À ROME, REPRENONS LE COURS DE NOTRE HISTOIRE...

TOUT ÇA, C'EST DE TA FAUTE! ET MOI, TOUT CE QUE J'AI, C'EST LE CON-TENU D'UNE GOURDE DE POTION MAGIQUE QUE M'A DONNÉE PANORAMIX NOTRE DRUIDE!...C'EST PEU POUR CE GENRE D'EXPÉDITION!

J'AVAIS UN PEU BU, C'EST VRAI...MAIS CE N'EST PAS SI DIFFICILE: ON ENTRE DANS LE PALAIS DE CÉSAR, ON PREND LA COURONNE DE LAURIERS, ET ON RENTRE AU VILLAGE. C'EST PAS UN BON PLAN, ÇA?

IL EST FARPAIT.

C'EST ÇA, LE PALAIS DE JULES CÉSAR.

ALORS, NOUS MASSACRONS LA GARDE, UNE FOIS DANS LE PALAIS NOUS DEMANDONS OÙ SE TROUVE LA COURONNE DE LAURIERS DE CÉSAR PARCE QUE NOUS EN AVONS BESOIN POUR PARFUMER UN RAGOÛT...

...QUAND NOUS AVONS LA COURONNE, ON DÉMOLIT TOUT ET ON RENTRE À LA MAISON. C'EST ÇA?

C'EST ÇA? ON Y VA?

OBÉLIX, CES LÉGIONNAIRES LÀ SONT D'UNE AUTRE TREMPE QUE CEUX DE CHEZ NOUS... ET LA POTION MAGIQUE NOUS DONNE DE LA FORCE, MAIS ELLE NE NOUS REND PAS INVULNÉRABLES. IL FAUT TROUVER AUTRE CHOSE.

CET HOMME QUI EST SORTI DU PALAIS, NOUS RENSEIGNERA PEUT-ÊTRE SUR LA FAÇON D'Y ENTRER. SUIVONS-LE.

MAIS... IL SAIT SORTIR D'ACCORD, MAIS RIEN NE PROUVE QU'IL SACHE ENTRER, ET...

EXCUSEZ-MOI, MAIS NOUS SOMMES DES VISITEURS ÉTRANGERS, ET NOUS AIMERIONS AVOIR QUELQUES RENSEIGNEMENTS.

C'EST QUE JE SUIS TRÈS OCCUPÉ, GAULOIS...

VOUS ENTREREZ BIEN AVEC NOUS BOIRE QUELQUE CHOSE?...

JE NE SAIS PAS SI JE PEUX...

C'EST BIEN CE QUE JE PENSAIS: C'EST UN SORTEUR, CE N'EST PAS UN ENTREUR.

TAVERNE CEPADEREPVS

QUE FAUT-IL VOIR, À ROME ?

OH, IL Y EN A DES CHOSES À VOIR ! VOUS SAVEZ, ROME C'EST LA PLUS PRODIGIEUSE CITÉ DE L'UNIVERS.

LE PALAIS DE CÉSAR, PAR EXEMPLE, ON PEUT LE VISITER ?

AH NON, AH NON. IMPOSSIBLE !

MAIS VOUS, VOUS Y ÉTIEZ BIEN...

C'EST QUE MOI, JE SUIS ESCLAVE DE CÉSAR. GÂTESSOS EST MON NOM, ET JE TRAVAILLE DANS LES CUISINES DU PALAIS.

VOUS ÊTES BIEN PLACÉ POUR LES RAGOÛTS, ALORS !

OBÉLIX ! BOIS ET TAIS-TOI.

LES RAGOÛTS ?

NE FAITES PAS ATTENTION... ET COMMENT DEVIENT-ON ESCLAVE DE CÉSAR ?

EN GÉNÉRAL, CÉSAR SE FOURNIT CHEZ **TIFUS**; C'EST UN MARCHAND D'ESCLA-VES DE LUXE. C'EST CHEZ LUI QUE L'ON TROUVE LA MEILLEURE MARCHANDISE... DES ARTICLES D'IMPORTATION...

MOI PAR EXEMPLE, JE VIENS DE GRÈCE. TRÈS BELLE QUALITÉ, MAIS JE NE SUIS PAS DONNÉ, HEU, HEU...

CHEZ TIFUS...

BON, CE N'EST PAS QUE JE M'ENNUIE, MAIS MON MÉTIER EST UNE TELLE SERVITUDE... ALLEZ, BON SÉJOUR, GAULOIS. AVÉ.

SALUT.

JE CROIS QUE J'AI TROUVÉ UNE IDÉE POUR NOUS INTRODUIRE DANS LE PALAIS DE CÉSAR... ET AVEC UN PEU DE CHAN-CE, NOUS POURRONS NOUS EMPARER DE SA COURONNE DE LAURIERS !

FARPAITEMENT !

POC !

TIENS! CELUI-LÀ DOIT POUVOIR NOUS RENSEIGNER.

TU CROIS?

LE MARCHÉ AUX ESCLAVES? J'EN VIENS. C'EST LÀ-BAS.

ILS SONT BEAUX, ILS SONT BEAUX MES ESCLAVES!

QUI VEUT DES GOTHS? QUI VEUT DES GOTHS TOUT FRAIS!

NUUUUMIDES! NUUUUMIDES!

SUIVEZ MES THRACES! SUIVEZ MES THRACES!

LEEEES BELGES, LES BELGES, LES BELGES, LES BELGES!

ILS ONT DE BONNES POIRES, ILS ONT DE BONNES POIRES MES IBÈRES!

LES BELLES DANSEUSES! LES BELLES DANSEUSES! PAR ICI LES BELLES DANSEUSES!

AH! ÇA DOIT ÊTRE ICI.

CHEZ TIFUS
FOURNISSEUR DE JULES CÉSAR

UN DE NOS ARTICLES VOUS INTÉRESSE? DÉSIREZ-VOUS CONSULTER LE CATALOGUE?

TIFUS, C'EST TOI?

NON, C'EST MOI.

QUE PUIS-JE FAIRE POUR VOUS? NOUS AVONS UN ARRIVAGE DE BRETONS DE QUALITÉ ULTRAFINE...

NOUS NE VENONS PAS ACHETER, NOUS VENONS VENDRE.

AH! VENDRE...

JE NE REÇOIS LES FOURNISSEURS QUE LE MATIN DE BONNE HEURE... ENFIN, QUI AVEZ-VOUS À ME PROPOSER?....

NOUS.

VOUS?.... MAIS JE NE VEUX PAS ACHETER N'IMPORTE QUOI.

NOUS NE SOMMES PAS N'IMPORTE QUOI, JUSTE-MENT.

CELUI-CI SENT LE VIN.

C'EST EXCEPTIONNEL... MAIS IL EST TRÈS FORT.

MONTRE COMME TU ES FORT, OBÉLIX.

BON.

PAF!

OUI, BIEN SÛR...MAIS JE ME SPÉCIALISE DANS L'ARTICLE RAFFINÉ... RENDEZ-VOUS COMPTE QUE J'ATTENDS L'INTENDANT DU PALAIS QUI DOIT VENIR ACHETER DE LA MARCHANDISE...

SCHLONK!

MOI AUSSI JE SUIS TRÈS FORT; VOUS VOULEZ QUE JE VOUS MONTRE?

NON, NON, FE N'EST PAS RAS LA PEÎNE... MAÎTRE, VE FUIS FÛR QU'ILS NE DÉPARERONT PAS LE FTOCK...

BON! JE VOUS PRENDS, MAIS PAS À COMPTE FERME. SI JE NE VOUS VENDS PAS AUJOURD'HUI, VOUS IREZ VOUS FAIRE VENDRE AILLEURS.

SUIVEZ-MOI.

UNE FOIS DANS LE PALAIS DE CÉSAR, NOUS NOUS METTRONS À LA RECHERCHE DES LAURIERS!

POURVU QUE CÉSAR NE DORME PAS DESSUS!

PEU APRÈS...

NOUS SOMMES ARRIVÉS.

DIS, ASTÉRIX... CE N'EST PAS LE PALAIS DE CÉSAR, ÇA!

IL A PEUT-ÊTRE PLUSIEURS MAISONS...

ALPAGA! TIBIA! IMBÉCILE! VENEZ VOIR!

CE SONT DES GAULOIS, ILS VIENNENT DE CHEZ TIFUS.

DE CHEZ TIFUS? MAIS TU ES FOU, CLAUDIUS! IL EST SI CHER!

ET QUAND JE PENSE QUE DANS CETTE DOMUS, ON FAIT TOUTE UNE HISTOIRE QUAND JE VEUX M'ACHETER UNE TOGE NEUVE!

C'ÉTAIT POUR ÇA, LES HURLEMENTS?

JE CROYAIS VOUS FAIRE PLAISIR... JE LES TROUVE RIGOLOS.

BON, BEN JE RETOURNE DANS MON CUBICULUM; JE VAIS DORMIR UN PEU.

TU AS ENCORE PASSÉ LA NUIT À BOIRE AVEC TES COPAINS! TU ES À RAMASSER À LA COCHLÉA *!

DITES... ON N'EST PAS CHEZ JULES CÉSAR, ICI?

* PETITE CUILLÈRE.

CHEZ CÉSAR?

C'EST VRAI QU'ILS SONT RIGOLOS!

MAIS NON, GAULOIS! TU N'ES PAS CHEZ CÉSAR; TU ES CHEZ MOI: CLAUDIUS QUIQUILFUS!...

ET VOICI MA MATRONE, ALPAGA, MA FILLE TIBIA ET MON IMBÉCILE DE FILS, GRACCHUS.

??

MAIS QU'ALLONS-NOUS EN FAIRE? NOUS AVONS TOUS LES ESCLAVES DONT NOUS AVONS BESOIN.

ILS POURRAIENT FAIRE LA CUISINE; C'EST BON LA CUISINE GAULOISE... ÇA NE PEUT PAS ÊTRE PIRE, EN TOUT CAS, QUE CE QUE NOUS PRÉPARE AUTODIDAX, NOTRE BRETON...

GAREDE-FRÉJUS!

OUI, MAITRE?

GAREDEFRÉJUS, TU VAS CONDUIRE CES DEUX ESCLAVES GAULOIS DANS LA CUISINE; ILS PRÉPARERONT LES REPAS.

SUIVEZ GAREDEFRÉJUS, NOTRE INTENDANT.

MAIS... ÉCOUTEZ...

ET ATTENTION, HEIN, GAREDEFRÉJUS: ILS VIENNENT DE CHEZ TIFUS!

VOICI VOTRE DOMAINE, LES BIBELOTS.

LES QUOI?

LES BIBELOTS! PARCE QUE MOI, JE NE SUIS PAS UN BIBELOT DE CHEZ TIFUS; JE NE SUIS PAS FRAGILE COMME VOUS, MAIS J'AI UNE BONNE PLACE DANS CETTE MAISON DE FOUS!...

ALORS, N'ESSAYEZ PAS DE ME SUPPLANTER!

IL EST FOU, CE ROMAIN! C'EST LA PREMIÈRE FOIS QU'ON ME DIT QUE JE SUIS FRAGILE!

ULAM!

TOC! TOC! TOC!

NOUS NOUS SOMMES TROMPÉS... TOUT ÇA NOUS ÉLOIGNE DES LAURIERS DE CÉSAR.

EH BIEN, ALLONS-NOUS EN.

NON! SI NOUS DEVENONS DES ESCLAVES FUGITIFS, NOUS N'AURONS PLUS AUCUNE CHANCE DE NOUS INTRODUIRE DANS LE PALAIS DE CÉSAR.

NOUS DEVONS CONVAINCRE QUIQUIL-FUS DE NOUS RENDRE À TIFUS, POUR QUE CELUI-CI NOUS REMETTE EN VENTE...

UN PEU COMME LES GENS QUI T'ACHÈTENT UN MENHIR, ET QUI TE LE RENDENT PARCE QU'ILS N'EN SONT PAS CONTENTS.

TOUT LE MONDE EST CONTENT DE MES MENHIRS!

C'EST PARCE QUE TES MENHIRS NE FONT PAS LA CUISINE!...

16

ON VA LEUR PRÉPARER UN REPAS QU'ILS N'OUBLIE-RONT PAS DE SITÔT, PAR TOUTATIS!... APPORTE TOUT CE QUE TU TROUVERAS DANS LE GARDE-MANGER!

VOILÀ! IL Y A DE LA CONFITURE, DU POIVRE, DU SEL, DES ROGNONS, DES FIGUES, DU SAVON DE MASSILIA UNE POULE, DU MIEL, DU PIMENT, DU BOUDIN DES OEUFS, ET DES PÉPINS DE GRENADE!

MOI J'AI TROUVÉ ENCORE DES PIMENTS ET DU POIVRE... ON VERSE TOUT DANS LA MARMITE!...

LA POULE, ON LA PLUME?

POURQUOI FAIRE?

PEU APRÈS...

ÇA VA ÊTRE PRÊT.

JE PEUX GOÛTER?

16

C'EST L'HEURE DE LA CENA, LES BIBELOTS. C'EST PRÊT?

OUI, SI ON VEUT.

ATTENDEZ. JE VEUX GOÛTER LA CUISINE DES BIBELOTS!

AAAAAAAHH!

POC!

GRRRRAOOORRRR!

HUMPF! HUMPF! HUMPF!

PARFAIT! PARFAIT!... VOUS ALLEZ ÊTRE CRUCIFIÉS... DE CHEZ TIFUS OU PAS, VOUS ALLEZ ÊTRE CRUCIFIÉS!

J'AVAIS PEUR QUE VOUS PRENIEZ MA PLACE, MAIS, DES CLOUS!... EN AVANT, VOUS AUTRES!

JE ME DEMANDE SI JE NE SUIS PAS ALLÉ UN PEU FORT... ENFIN, AUX DIEUX VAT!

QU'EST-CE QUE TU AS TOI?...

J'AI QUE TU NE M'AS PAS LAISSÉ GOÛTER!...MOI, ON ME PRIVE DE TOUT!

GRACCHUS! SORS DE TON CUBICULUM, ET VIENS AU TRICLINIUM! LA CENA EST SERVIE!

ÉCOUTE, JE FERAI TOUT CE QUE TU VOUDRAS, MAIS NE CRIE PAS... JE SERAIS MIEUX ALLONGÉ SUR MA CUBILE, MAIS...

LE FAIT D'AVOIR DÉCUBILÉ, NE TE DONNE PAS LE DROIT D'ÊTRE MAL ÉLEVÉ. COUCHE-TOI CONVENABLEMENT À TABLE.

ÇA SENT DRÔLE...

PAS POUR MOI, MERCI.

CE REPAS A ÉTÉ PRÉPARÉ PAR DES GAULOIS DE CHEZ TIFUS, ALORS MANGE!!!

184

GLOD!

etc...

HÉ, HÉ HÉ!...

SCRONTCH! SCRONTCH!

OÙ SONT-ILS? OÙ SONT-ILS?

OBÉLIX, JE CROIS QUE LE MOMENT EST VENU DE VENDRE CHÈREMENT NOTRE VIE!

HMM! MAIS ELLE N'EST PAS DÉJÀ VENDUE!

183

DANS MES BRAS!

CE METS PRODIGIEUX M'A GUÉRI D'UN SEUL COUP!

GRÂCE À VOUS DEUX, JE POURRAI PASSER LA NUIT À RIRE ET À BOIRE AVEC MES COPAINS, EN SACHANT QUE LE LENDEMAIN VOUS ME PRÉPARERERZ CETTE ADMIRABLE MIXTURE, QUI FERA DE MOI UN HOMME NEUF!

VENEZ! VENEZ! LA FAMILLE VEUT VOUS FÉLICITER!

19A

AH, PATER, PATER! NOUS NE SOMMES PAS SOUVENT D'AC--CORD, MAIS LÀ, TU AS EU UNE IDÉE FORMIDABLE EN ACHETANT CES DEUX MERVEILLES!

QUEL PLAT PRODIGIEUX!

JE SUIS CONTENT QUE ÇA T'AIT PLU, MON FILS...C'EST BON MAIS UN PEU FORT... NOUS NE DEMANDERONS À NOS GAULOIS DE FAIRE LA CUISINE QUE DANS LES GRAN--DES OCCASIONS... ALLONS NOUS COUCHER, MAINTENANT...

JE NE COMPRENDS PAS COMMENT ILS ONT PU AIMER ÇA.

C'EST VRAI...

C'EST FADE.

?!

19B

VOUS AVEZ ÉCHAPPÉ À LA CROIX, MAIS JE NE DÉSESPÈRE PAS DE VOUS FAIRE JETER AUX FAUVES !....ILS N'ONT PAS SOUVENT L'OCCASION, LES PAUVRES, DE MANGER DES MORCEAUX CHOISIS DE CHEZ TIFUS !

EN ATTENDANT, DORMEZ BIEN, BIBELOTS ! ON SE LÈVE À L'AUBE DANS CETTE MAISON, ET MOI, JE VAIS VOUS FAIRE TRAVAILLER !

ASTÉRIX, TU CROIS QUE NOUS FINIRONS EN MORCEAUX CHOISIS ?

JE NE SAIS PAS, MAIS J'AI UNE IDÉE POUR DÉGOÛTER LES ROMAINS DE NOUS !

CETTE NUIT, NOUS ALLONS LES EMPÊCHER DE DORMIR !...ET COMME LES ROMAINS SE LÈVENT À L'AUBE, ILS NE VONT PAS AIMER ÇA.

DEMAIN, À LA PREMIÈRE HEURE NOUS SERONS REVENDUS !

28

C'EST LE MOMENT !

HGMFEE-FKHGPFFF !

DANS LA CUISINE, NOUS TROUVERONS DE QUOI FAIRE DU BRUIT !

ON NE POURRAIT PAS ESSAYER DE FAIRE DU BRUIT EN RONFLANT ?

BLOING ! CLANG ! BLOIMM ! BLOIM ! CLANG !

20

24

LE JOUR SE LÈVE SUR UNE MAISON, ENFIN SILENCIEUSE...

ALLEZ, VENEZ VOUS AUTRES, AVEC VOS MAPPAE* ET SCOPAE*

*TORCHONS ET BALAIS.

NETTOYEZ-MOI TOUT ÇA! MOI, JE VAIS RÉVEILLER LE MAÎTRE.

22A

MAÎTRE, LE SOLEIL EST DÉJÀ HAUT DANS LE CIEL. DOIS-JE FAIRE VENIR LE TONSOR POUR QU'IL VOUS FASSE LA BARBE?

NON! ET DIS À TOUS LES AUTRES IMBÉCILES QUE S'ILS CONTINUENT À FAIRE DU BRUIT, JE LES VENDS TOUS EN VRAC, LE TONSOR ET TOI Y COMPRIS!

HGMMFF... MA TÊTE...

MAIS, MAÎTRE... JE VOUS RAPPELLE QUE VOUS AVEZ UNE DÉMARCHE IMPORTANTE À FAIRE, CE MATIN, AU PALAIS... DOIS-JE ALLER PRÉVENIR QUE VOUS ÊTES SOUFFRANT?

HMM?... NON... J'ENVERRAI MES GAULOIS DE CHEZ TIFUS; CE SERA PLUS ÉLÉGANT. MAINTENANT, LAISSE-MOI DORMIR. DU VENT. DE LA SCOPA!

22B

AH, ILS M'ONT SUPPLANTÉ! AH CE SONT EUX QUI VONT AU PALAIS À MA PLACE!... BON!... J'AI MON IDÉE!...

JE NE VOIS QU'UNE FAÇON DE SORTIR D'ICI : NOUS ALLONS NOUS RACHETER À QUIQUILFUS. APRÈS, NOUS TROUVERONS UN MOYEN POUR NOUS INTRODUIRE DANS LE PALAIS DE CÉSAR. DONNE-MOI TOUT L'AR--GENT QUE TU POSSÈDES

VOILÀ... TU CROIS QUE CE SERA ASSEZ ?

NOUS VENONS DE CHEZ TIFUS, TOUT DE MÊME... NOUS SOMMES PEUT-ÊTRE AU DESSUS DE NOS MOYENS.

NOUS MARCHANDERONS.

EH, LES GAULOIS, LE MAÎTRE VEUT VOUS VOIR DANS SON TABLINIUM*

ÇA TOMBE BIEN !

* BUREAU.

AH MES BONS GAULOIS !...NOUS NOUS SOMMES BIEN AMUSÉS CETTE NUIT AVEC VOUS...

...MAIS AUJOURD'HUI, JE SUIS UN PEU FATIGUÉ. J'AI RENDEZ-VOUS AU PALAIS POUR UNE AFFAIRE IMPOR--TANTE. ALLEZ-Y DE MA PART, DIRE QUE JE SUIS UN PEU MALADE...

AU PALAIS DE JULES CÉSAR ?

OUI VOUS DEMANDEREZ TIBÉRIUS ENTRE--MÉFRANCORUS, UN DES SECRÉTAIRES DE CÉSAR.

DITES, ON VOUDRAIT VOUS ACHETER QUELQUE CHOSE...

MAIS NON, MAIS NON.

ET REVENEZ VITE NOUS PRÉPARER VOTRE METS MAGIQUE !

EXTRAORDINAIRE, PAR TOUTATIS !

MERVEILLEUX, PAR MERCURE !

BON! ON Y VA?

NON, VOYONS CE QU'ILS VEULENT. D'AILLEURS, ILS PEUVENT NOUS TAILLER EN PIÈCES AVEC LEURS ARMES.

BAH! NOUS NE SOMMES PAS À NOUS, ALORS...

EH BIEN, ON VEUT ASSASSINER JULES CÉSAR?

?

UN ESCLAVE HONNÊTE, QUI SERA RÉCOMPENSÉ POUR SON GESTE, VOUS A DÉNON-CÉS; IL A SURPRIS VOS COMPLOTS...

...VOUS VOUS ÊTES INTRODUITS PAR LA RUSE CHEZ CLAUDIUS QUIQUILFUS, AFIN D'AVOIR UN PRÉ-TEXTE POUR ENTRER DANS LE PALAIS ET TUER CÉSAR!

?

ENFERMEZ- LES DANS LA PRISON DU PALAIS!

DU PALAIS?...

MAIS ON NE VOULAIT PAS LE TUER, JULES!... N'EST-CE PAS, ASTÉRIX?

ALLEZ-VOUS NIER QUE VOUS EN VOULIEZ À LA TÊTE DE JU... DE CÉSAR?!

À CE QU'IL Y A DESSUS SEULEMENT.

À QUOI BON NOUS DÉFENDRE, OBÉLIX? NOUS SOMMES FAITS.

EMMENEZ LES!

?

ENTREZ !

JE NE COMPRENDS PAS, ASTÉRIX / POURQUOI NOUS LAISSONS-NOUS FAIRE, COMME ÇA ? CE NE SONT QUE DES ROMAINS, APRÈS TOUT !

VLAN !

MAIS OBÉLIX, C'EST FORMIDABLE CE QUI NOUS ARRIVE ! NOUS SOMMES DANS LE PALAIS / CETTE NUIT, NOUS SORTIRONS DU CACHOT ET NOUS CHERCHERONS TRANQUILLEMENT LES LAURIERS DE CÉSAR !

COMMENT ? CETTE NUIT ON NE DORT PAS NON PLUS ?

VERITAS ODIVM PARIT

C'EST DV KIT AV JVS   INTERDIT D'INTERDIR   GLORIA VICTIS

MORT AVX LIONS

CETTE NUIT LÀ, DONC...

OUVRE LA PORTE EN FAISANT LE MOINS DE BRUIT POSSIBLE.

CLONG

?

PIF !

POF !

C'EST EN RETOMBANT QU'ILS FONT DU BRUIT.

VIENS VITE.

NOUS FOUILLERONS PARTOUT, SANS FAIRE DE BRUIT

IL EST GROS CELUI-CI!

PIF! POF! POF! POF! POF! POF! POF! POF!

TOUJOURS RIEN. LE PALAIS EST ÉNORME, ET UNE COURONNE DE LAURIERS, CE N'EST PAS GRAND.

JE VAIS DÉPOSER CE TAS ICI, ET ON CONTINUE...C'EST LE CINQUIÈME TAS, JE CROIS.

NON. LE JOUR VA SE LEVER, RETOURNONS AU CACHOT... NOUS CONTINUE-RONS LA NUIT PROCHAINE.

MAIS QUAND EST-CE QU'ON VA DORMIR, NOUS?... TU VAS VOIR QU'ILS NE NOUS LAISSERONT PAS FAIRE LA GRASSE MATINÉE!

UNE NOUVELLE JOURNÉE EN-SOLEILLÉE VIENT DE SE LEVER SUR LA PLUS PRODIGIEUSE CITÉ DE L'UNIVERS : ROME !

ALERTE ! ALERTE !

OÙ SUIS-JE ?

SUR MOI, IMBÉCILE !

LES PRISONNIERS SE SONT ÉVADÉS !

ILS ONT ASSOMMÉ TOUT LE SERVICE DE NUIT, ET ILS L'ONT MIS EN TAS !

VOIS, CENTURION : LA SERRURE EST BRISÉE !

PAR JUPITER !

MAIS VOUS ÊTES FOUS, LES ROMAINS ! IL N'Y A JAMAIS MOYEN DE DORMIR CHEZ VOUS !!!

!?!

VOUS... VOUS NE VOUS ÊTES PAS ÉVADÉS ?

NON ! FERMEZ LA PORTE ET FAITES RÉPARER CETTE SERRURE !

EX... EXCUSEZ-MOI...

PSSS... ON N'EST PLUS CHEZ SOI NULLE PART !

CE SONT DES MAGES !

DES DRUIDES GAULOIS, PEUT-ÊTRE...

ILS ONT DES DIEUX TERRIBLES ET INCONNUS !

NOUS ALLONS NOUS DÉBARRASSER D'EUX, ET AU PLUS VITE ! JE VOU-LAIS ATTENDRE LE RETOUR DE CÉSAR, MAIS TANT PIS... RENFORCEZ LA GARDE EN ATTENDANT ! TOUT LE MONDE SUR LE TAS !

JE N'AIME PAS LES GRANDES VILLES ; ON Y DORT MAL, ET JE M'Y SENS À L'ÉTROIT... ENFERMÉ...

CE QU'IL FAUDRAIT, C'EST PROUVER CÉSAR... EN GÉNÉRAL, IL EST JUSTE SOUS LA COURONNE DE LAURIERS.

AH ! VOICI MES CLIENTS !

VOS CLIENTS ?

OUI. JE SUIS TITUS RÉSIDUS, VOTRE AVOCAT.

VOUS ALLEZ ÊTRE JUGÉS AUJOURD'HUI MÊME, ET J'AI REÇU L'ORDRE DE VOUS DÉFENDRE. C'EST TRÈS BON POUR MOI ; DEUX MAGES GAULOIS, ÇA VA ATTIRER DU MONDE !

J'AI UN TRÈS BON DISCOURS ; ÇA COMMENCE COMME ÇA : DELENDA CARTHAGO, DISAIT LE GRAND CATON...

ET TU VAS NOUS FAIRE METTRE EN LIBERTÉ ?

VOUS VOULEZ RIRE ! IL Y A DES TAS DE FAUVES QUI SONT ARRIVÉS AU CIRQUE ET QUI N'ONT RIEN DE SÉRIEUX À SE METTRE SOUS LA DENT... ALORS, DEUX MAGES GAULOIS, PENSEZ ! QUELLE FÊTE !

JULES CÉSAR... IL ASSISTE À CES FÊTES ?

EN GÉNÉRAL, OUI... DELENDA CARTHAGO, JE VAIS LEUR DIRE...

ET QUAND IL VA AU CIRQUE, IL PORTE SA COURONNE DE LAURIERS ?

JE NE L'AI JAMAIS VU COIFFÉ D'UN CHAPEAU DE PAILLE, MON AMI... ÉCOUTEZ PLUTÔT MA PLAIDOIRIE : DELENDA CARTHAGO, DISAIT LE GRAND CATON...

?

BONG! BONG!

LES MAGES GAULOIS DOIVENT ÊTRE CONDUITS DEVANT LE TRIBUNAL !

LA PAROLE EST AU DELATOR ※

※ PROCUREUR.

CONFIANCE.

DELENDA CARTHAGO, COMME DISAIT CATON LE GRAND...

CO...COMMENT: DELENDA CARTHAGO? MAIS C'EST MOI QUI...

SILENCE, AVOCAT! TON TOUR VIENDRA; TU PARLERAS APRÈS.

JE PEUX CONTINUER, OUI?

DÉLATOR, TU AS LA PAROLE.

C'EST DONC CATON QUI PARLE PAR MA BOUCHE... DELENDA CARTHAGO, DISIONS-NOUS, ET...

JE DEMANDE UNE SUSPENSION D'AUDIENCE; JE VOUDRAIS REVOIR MON SYSTÈME DE DÉFENSE.

GROMMBLEBLABLAGROUMGROMBLABLABLAGROMMGROMMBLEBLABLAGROUMGR

SILENCE! DÉLATOR, ES-TU D'ACCORD AVEC LA REQUÊTE DE L'AVOCAT DÉFENSEUR?

JE LE SUIS

PAN! PAN! PAN!

JAMAIS DE LA VIE, PAR TOUTATIS!

GROMMBLEBLABLAGROUMGROMBLABLAG

PAN PAN

PAN! PAN!

SILENCE! SILENCE OU JE FAIS ÉVACUER LA SALLE!

ET LES FAUVES? VOUS LES AVEZ OUBLIÉS, LES FAUVES? IL FAUT LES NOURRIR SANS TARDER, CES PAUVRES BÊTES QUI NE COMPRENNENT RIEN À LA JUSTICE DES HOMMES!...

COMMENT?...VOICI DEUX INDIVIDUS, DEUX ÉTRANGERS...

...QUI DÉÇOIVENT LA BONNE FOI D'UN HONNÊTE ET PRESTI--GIEUX MARCHAND D'ESCLAVES!...

DEUX INDIVIDUS QUI S'INTRODUISENT PAR TROMPERIE DANS LE SEIN D'UNE FAMILLE ESTI-MÉE DE LA VILLE, DANS LE SEUL BUT DE TROUVER UN PRÉTEXTE POUR SE LIVRER À UN LÂCHE ATTENTAT SUR LA PERSONNE ILLUSTRE DE JULES CÉSAR...

ET VOUS ALLEZ PERDRE VOTRE TEMPS EN VAINES DISCUSSIONS, EN PALABRES ?

NOOOON, JUGES ! NON ! AUX FAUVES ! AUX FAUVES, VOUS DIS-JE !

ET QUE JULES CÉSAR LUI MÊME, COIFFÉ DE SES LAURIERS BIEN MÉRITÉS, ASSISTE AU REPAS DE CES ANIMAUX INNOCENTS...

...DONT LES CROCS DEVIENDRONT AINSI LE GLAIVE D'UNE JUSTICE QUE LE MONDE ANTIQUE TOUT ENTIER REDOUTE ET RESPECTE... J'AI DIT.

SNIF... SNIF... SNIF... SNIF... SNIF... SNIF... SNIF... SNIF... SNIF...

SNIF !

LES... LES ACCUSÉS SONT COUPABLES ET SERONT LIVRÉS AUX FAUVES DANS LE CIRQUE MAXIME !

PAN.

BRAVO ! BRAVO ! BRAVO ! VIVE LES CONDAMNÉS ! BRAVO !

BRAVO ! BRAVO !

PLAIDOIRIE PEU CLASSIQUE, MAIS COMBIEN ÉMOUVANTE !

LES FAUVES ONT DE LA CHANCE ! BEAUCOUP DE CHANCE !

ÉVACUEZ LA SALLE ! LÉGIONNAIRES, ÉVACUEZ LA SALLE !

UN DES SINISTRES CACHOTS DU CIRQUE MAXIME...

TIFUS VOUS ENVOIE CETTE AMPHORE DE VIN, ET LA FAMILLE QUIQUILFUS, CES FRIANDISES...

TRÈS BONS CES SANGLIERS.

C'EST L'AVANTAGE D'ÊTRE CONDAMNÉ AUX FAUVES; ON EST TOU--JOURS NOURRI AVEC DES METS DÉLICATS ET RAFFINÉS...

ALORS QUE CEUX QUI SONT CONDAMNÉS À ÊTRE PRÉCIPITÉS DU HAUT DE LA ROCHE TARPÉIENNE NE SONT NOURRIS QUE DE CHOSES LOURDES ET PESANTES.

ON VOUS A PRÉPARÉ UN PROGRAMME FORMIDABLE : DES LIONS, DES PANTHÈRES, DES LÉOPARDS, DES TIGRES !... ET DES BEAUX! ÇA FAIT UNE SEMAINE QU'ON NE LEUR DONNE QUE DE LA SALADE...

AH, VOUS NE POURREZ PAS VOUS PLAINDRE; ON VOUS A GÂTÉS!

CLANG!

ASTÉRIX, J'AI PEUR.

PEUR ?...PEUR DE QUELQUES FAUVES ?

OH, CE NE SONT PAS LES FAUVES; C'EST LE PUBLIC ...TOUS CES SENS!

DANS L'ARÈNE, ÇA PASSERA...

JE SUIS SÛR QUE LES AUTRES CONDAMNÉS, UNE FOIS QUE C'EST COMMENCÉ, NE PENSENT PLUS QU'AUX FAUVES, ET OUBLIENT TOUT LE RESTE.

J'AI PEUR DE DÉCEVOIR... D'ÊTRE RIDICULE...

DITES, VOUS N'AURIEZ PAS DE L'HUILE POUR M'ENDUIRE LE CORPS, COMME LES GLADIA--TEURS?... C'EST JOLI.

DE L'HUILE ?

DANS VOTRE CAS... VOUS NE PRÉFÉRERIEZ PAS DE LA MOUTARDE ?

37

LE CIRQUE MAXIME EST BONDÉ; C'EST LE PUBLIC DES GRANDES PREMIÈRES, OU, PLUTÔT, POUR CE GENRE DE SPECTACLE, DES GRANDES DERNIÈRES.

CRiiiiii

AAAAAAAAHHHH!

ÇA VA ÊTRE À VOUS!

AH! ENFIN!

C'EST QUOI, ÇA?

C'EST POUR DONNER BON GOÛT.

QUELLE CONSCIENCE PROFESSIONNELLE! C'EST À ÇA QUE L'ON VOIT LES GRANDS ARTISTES!

EST-CE QUE MES TRESSES SONT BIEN?

VOUS SAVEZ, ON VIENT DE LOIN POUR SE FAIRE DÉVORER ICI, EH BIEN, PERSONNE N'A SOULEVÉ UN TEL ENTHOUSIASME!

QUEL DOMMAGE QUE JULES CÉSAR NE SOIT PAS ICI POUR ASSISTER À CE GALA!

PARDON?

CRiiiii

PAFF!
PAFF!
PAFF!

IL N'Y EN A PLUS ?

MAIS CE N'EST PAS ICI QU'IL FAUT FAIRE ÇA! SI VOUS VOULEZ VOUS BATTRE, ALLEZ DANS L'ARÈNE!

REMBOURSEZ! REMBOURSEZ!

ÉCOUTEZ LE PUBLIC! ÉCOUTEZ!

ENTREZ DANS L'ARÈNE PAR PITIÉ! ILS VONT DÉMOLIR LE CIRQUE!...LE CIRQUE, C'EST TOUTE MA VIE!

BON, BON, ON Y VA; MAIS C'EST BIEN POUR TE FAIRE PLAISIR.

MERCI! MERCI! VOUS NE LE REGRETTEREZ PAS!

?

BEN...OÙ SONT LES AUTRES FAUVES?

LÀ-DEDANS!

VOLEURS! ESCROCS! ON VA EN FAIRE DES RUINES DE CE CIRQUE!

BURP!

GARDES! ÉVACUEZ LE CIRQUE!

ÉVACUEZ TOUT LE MONDE! TOUT LE MONDE PAR JUPITER!

DEHORS! ALLEZ! DEHORS!

MAIS NON, PAS NOUS! PAS NOUS, VOYONS!

TAIS-TOI, OBÉLIX!

LA PAGAILLE NOUS A ÉTÉ UTILE; NOUS N'AVIONS PLUS RIEN À FAIRE DANS CE CIRQUE... CHERCHONS UN COIN TRANQUILLE POUR DORMIR.

OH OUI! DORMIR!...

ICI NOUS SERONS BIEN, ET DEMAIN, NOUS AVISERONS.

LA NUIT, LES RUES DE ROME, MAL SUR-VEILLÉES PAR LES SEBACIARIA (LES VIGILES) SONT LA PROIE DES SICARII; DES EFFRACTORES ET DES RAPTORES; DES ASSASSINS, DES CAMBRIOLEURS ET DES DÉTROUSSEURS DE TOUTE SORTE.

PAR TOUS LES DIEUX INFERNAUX! VOICI DEUX CITOYENS QUI CUVENT LEUR VIN ET QUE NOUS ALLONS SOULAGER DE LEURS SESTERCES!

RRROON!

MAIS VOUS NE DORMEZ JAMAIS, VOUS, LES ROMAINS?!

PAF!

APRÈS UNE JOURNÉE PAISIBLE, LA NUIT EST RETOMBÉE SUR LA PLUS PRODIGIEUSE CITÉ DE L'UNIVERS✷ ET DES OMBRES INQUIÉTANTES RASENT LES MURS DES RUELLES DE LA VILLE.

✷ ROME.

♪♪ SOUS L'AQUEDUC QUAND ON FRÔLE SA TOGE, ELLE RIT...HIPS!...C'EST TOUT LE MAL QU'ELLE SAIT FAIRE... MA JUNON, MA JUNON, MA JUNON! ♪

UN IVROGNE PLEIN DE VIN ET D'OR!... JE VOUS LE LAISSE POUR VOIR COMMENT VOUS TRAVAILLEZ.

D'ACCORD!

VIENS, OBÉLIX!

ET S'IL RÉSISTE... COUIC!

DIS, ASTÉRIX, ON NE VA TOUT DE MÊME PAS LE COUIQUER?

BIEN SÛR QUE NON! AU CONTRAIRE, NOUS ALLONS LE SAUVER DES BANDITS. TIENS, IL ARRIVE...

39A

VIVE JULES... HIPS!

...CÉSAR!

RENTRE CHEZ TOI, VITE! TU ÉS EN DANGER! TU...

GRACCHUS! LE FILS DE QUIQUILFUS!

LES BIBELOTS! LES BIBELOTS DE CHEZ TIFUS!

PARS! VITE!

JAMAIS DE LA VIE! ON NE SE QUITTE PLUS! ON VA ARROSER ÇA!

MES BIBELOTS! MES BIBELOTS À MOI... HIPS!

ALORS, ÇA VIENT?! IL VA AMEUTER LES SEBACIARA, VOTRE CLIENT!

C'EST UN AMI. ON N'Y TOUCHE PAS!

COMMENT?! VOUS ALLEZ VOIR!

39

TCHOC! PAF! VIVE JULES CÉSAR!

PEU APRÈS...

BON, RENTRE CHEZ TOI... MAIS AUSSI, POURQUOI TE METS-TU DANS DES ÉTATS PAREILS!

POUR FÊTER LE RETOUR DE JEL CÉSU... DE JULES CÉSAR, TIENS!

LE RETOUR DE CÉSAR?!

IL EST RENTRÉ VICTORIEUX DE SA CAMPAGNE CONTRE LES PIRATES... DEMAIN, IL Y AURA UN TRIOMPHE DANS LES RUES DE ROME!

TU EN ES SÛR?

BIEN SÛR QUE J'EN SUIS SÛR.! C'EST GAREDEFRÉJUS QUI M'A APPRIS TOUT ÇA! ET IL EST BIEN PLACÉ, GAREDE...HIPS...GAREDEMACHIN, LÀ...

APRÈS VOUS AVOIR DÉNONCÉS, POUR LE RÉCOMPENSER, ON L'A NOMMÉ ESCLAVE PERSONNEL DE JULES CÉSAR!

AH!....ET IL EST OÙ GAREDEFRÉJUS?

IL EST RESTÉ DANS L'AUBERGE, LÀ DERRIÈRE, MAIS MÉFIE-TOI....IL EST COM-PLÈ-TE-MENT SAOÛL!

ON Y VA!

C'EST ÇA! ON Y VA!

NON! RENTRE CHEZ TOI!

DONNE-MOI AU MOINS LA RECETTE DU METS PRODIGIEUX... PARCE QUE DEMAIN, JE CROIS QUE JE VAIS ÊTRE MALADE ET QUE JE NE POURRAI PAS ASSISTER AU TRIOMPHE DE CÉSAR...

BON. NOTE BIEN: UN POULET NON PLUMÉ, DU SAVON DE MASSILIA, DES ROGNONS...

AU RENDEZ-VOUS DES AVRIGES

J'AVAIS PEUR QUE VOUS NE PRENIEZ MA PLACE, C'EST POUR ÇA QUE JE VOUS AI DÉNONCÉS... MAIS JE LE REGRETTE! OH OUI! JE LE REGRETTE BEAUCOUP! QU'EST-CE QUE JE LE REGRETTE!

IL PARAÎT QUE TU ES TRÈS PROCHE DE JULES CÉSAR, MAINTENANT?

ET COMMENT! DEMAIN JE VAIS PARTICIPER À SON TRIOMPHE! SUR SON CHAR!

SUR SON CHAR?

QUAND IL Y A UN TRIOMPHE, UN ESCLAVE EST TOUJOURS CHARGÉ DE TENIR LA COURONNE DE LAURIERS AU DESSUS DE LA TÊTE DU TRIOMPHATEUR... CET ESCLAVE, CE SERA MOI!

LA COURONNE DE LAURIERS DE CÉSAR? C'EST FORMIDABLE, PAR TOUTATIS!

JE NE VOUS LE FAIS PAS DIRE. POUR UN ESCLAVE, C'EST LA RÉUSSITE! MAINTENANT, JE SUIS UN BIBELOT, MOI AUSSI!

PATRON! VOUS AVEZ DU LAURIER?

DU LAURIER, NON. J'AI DU FENOUIL.

ÇA IRA! APPORTEZ VITE!

DITES, VOUS N'ALLEZ PAS PRENDRE MA PLACE, TOUT DE MÊME?

NON! C'EST LA COURONNE DE LAURIERS QUE NOUS ALLONS REMPLACER!

JE VAIS TE DIRE CE QUE TU VAS FAIRE DEMAIN, SI TU VEUX QU'IL Y AIT UN DEMAIN!

JE...JE NE ME SENS PAS TRÈS BIEN...J'AI TROP BU...TOUT COMPTE FAIT, JE NE POURRAI PAS ASSISTER AU TRIOMPHE, DEMAIN...

PATRON! FAITES CUIRE UN POULET NON PLUMÉ, DU SAVON DE MASSILIA, DE LA CONFITURE, DU POIVRE, DU SEL, DES ROGNONS, DES FIGUES, DU MIEL, DU BOUDIN, DES PÉPINS DE GRENADE, DES ŒUFS ET DU PIMENT!

J'AJOUTE LE FENOUIL?

NON! AVEC LE FENOUIL NOUS ALLONS TRESSER DES COURONNES! PAS VRAI OBÉLIX?

FARPAITEMENT!

46